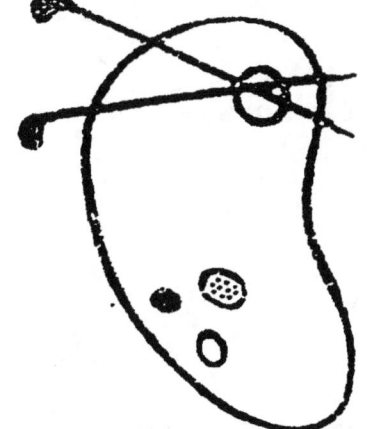

Couvertures supérieure et inférieure en couleur

RELIURE SERREE
Absence de marges intérieures

VALABLE POUR TOUT OU PARTIE DU DOCUMENT REPRODUIT

CONFÉRENCES POPULAIRES
DE L'ASILE IMPÉRIAL DE VINCENNES
SOUS LE PATRONAGE
DE S. M. L'IMPÉRATRICE

LES

PRIX MONTYON

PAR

ERNEST MORIN

Professeur à l'École Turgot, au Collège Chaptal
Et à l'Association Polytechnique.

PARIS
LIBRAIRIE DE L. HACHETTE ET Cie
BOULEVARD SAINT-GERMAIN, N° 77

Prix : 25 centimes

LIBRAIRIE DE L. HACHETTE ET Cie
BOULEVARD SAINT-GERMAIN, N° 77, A PARIS

BIBLIOTHÈQUE A 25 CENTIMES LE VOLUME
ET A 35 CENT. POUR LES OUVRAGES SOUMIS AU TIMBRE
Format petit in-18

AUCOC : Notions sur l'histoire des voies de communication. 1 volume.. » 25
BAUDRILLART (de l'Institut) : Vie de Jacquart. 1 volume..... » 25
— Luxe et travail. 1 volume.. » 35
— L'Argent et ses critiques. 1 volume............................. » 35
— La Propriété. 1 volume.. » 35
— Les Bibliothèques et les Cours populaires. 1 volume...... » 25
BÉRARD (Paul) : Économie domestique de l'Éclairage. 1 vol. » 25
LOMBERROUSSE (Ch. de) : Les Grands Ingénieurs. 1 volume.. » 25
— La Femme dans la Famille. 1 volume........................... » 25
DAUBRÉE (de l'Institut) : La Chaleur intérieure du globe. 1 vol. » 25
— La Mer et les Continents. 1 vol................................. » 25
DUVAL (Jules) : Des Sociétés coopératives de production. 1 vol. » 35
— Des Sociétés coopératives de consommation. 1 volume.... » 35
EGGER (E.), de l'Institut : Le Papier dans l'antiquité et dans les temps modernes. 1 volume......................... » 25
— Un Ménage d'autrefois. 1 volume.............................. » 25
FRANCK (A.), de l'Institut : De la Famille. 1 volume.......... » 35
GUÉBHARD (A.) : De la Lumière électrique. 1 volume........ » 25
LAPOMMERAYE (de) : Les Sociétés de secours mutuels. 1 vol. » 35
LAVOLLÉE : L'Exposition universelle de 1867. 1 vol............ » 25
LECLERT (Émile) : La Voile, la Vapeur, et l'Hélice. 1 volume. » 25
LEVASSEUR : La Prévoyance et l'Épargne. 1 vol................ » 35
— Du Rôle de l'intelligence dans la production. 1 volume.... » 35
MENU DE SAINT-MESMIN : L'Ouvrier autrefois et aujourd'hui. 1 volume... » 25
PAYEN (de l'Institut) : L'Éclairage au gaz. 1 volume........... » 25
PERDONNET : Les Chemins de fer. 1 volume..................... » 25
— Utilité de l'instruction pour le peuple. 1 vol................ » 25
QUATREFAGES (de), de l'Institut : Le Ver à soie. 1 vol....... » 25
— Histoire de l'Homme. I. Unité de l'espèce. 1 vol........... » 25
REBOUL DENEYROL : Aperçu historique sur l'Asile et les Conférences. 1 volume.. » 25
RIANT (A.) : Le Travail et la Santé. 1 volume................... » 25
ROUGÉ (Eugène) : Le Système du Monde et le Calendrier. 1 vol. » 25
SIMONIN : Le Mineur de Californie. 1 volume................... » 25
— Les Cités ouvrières de Mineurs. 1 vol......................... » 25
— Les Grands Ouvriers. 1 volume.................................. » 25
WADDINGTON (Ch.) : Des Erreurs et des Préjugés populaires. 1 volume... » 25
WOLOWSKI (de l'Institut) : Notions générales d'Économie politique. 1 volume... » 35
— De la Monnaie. 1 volume... » 35
WORMS : Quelques considérations sur le Mariage. 1 vol..... » 25

Ces volumes sont la reproduction de conférences faites à l'asile impérial de Vincennes, sous le patronage de S. M. l'Impératrice.

Imprimerie L. Toinon et Cie, à Saint-Germain.

LES

PRIX MONTYON

Cette conférence est la deuxième partie de la conférence intitulée :

MONTYON

ou

LA VIE D'UN HOMME DE BIEN

IMPRIMERIE L. TOINON ET Cⁱᵉ, A SAINT-GERMAIN

CONFÉRENCES POPULAIRES
FAITES A L'ASILE IMPÉRIAL DE VINCENNES
SOUS LE PATRONAGE
DE S. M. L'IMPÉRATRICE

LES
PRIX MONTYON

PAR

ERNEST MORIN

Professeur à l'École Turgot, au Collège Chaptal
Et à l'Association Polytechnique.

PARIS
LIBRAIRIE DE L. HACHETTE ET Cⁱᵉ
BOULEVARD SAINT-GERMAIN, N° 77
—
1867
Droits de propriété et de traduction réservés.

LES
PRIX MONTYON

Messieurs,

La veille du jour où, après un an d'immobilité devant l'ennemi, le plus difficile des sacrifices qui puisse être exigé d'une armée française, nos soldats allaient tenter devant Sébastopol un suprême effort, l'officier général qui avait l'honneur de se jeter le premier dans Malakoff réunit autour de lui, dans la boue sanglante de la tranchée, les braves qui depuis onze mois se laissaient décimer par la faim, le froid, le typhus et la balle invisible.

Auprès du général se serraient les officiers, s'agitaient les drapeaux. Les tambours ne battaient plus; des bruits sourds ou aigus, prélude et éclairs de la tempête formidable qui se préparait, suffisaient à tremper les courages. « Soldats ! dit le général au milieu d'un silence solennel, je vous apporte une grande nouvelle. Demain l'assaut. La tête de colonne, éclairant la voie, sera hachée peut-être sur la brèche, mais la queue entrera dans Malakoff. Votre général vous demande deux cents volontaires. Bien peu reviendront de cette furieuse trouée pour recueillir la récompense que la patrie leur devra. Je ne puis rien promettre à ceux qui seront demeurés debout, sinon que leurs états de service feront mention de leur dévouement et, quand ils seront de retour au pays, les vieux eux-mêmes se lèveront et se découvriront avec respect devant les volontaires de l'assaut. »

Tous écoutaient le cou tendu, le regard humide ; les rangs se rapprochaient ; les shakos montaient au bout des fusils ; tous les bras se lèvent ; un seul cri retentit : « Moi! moi! » Le général fit un geste de la main en souriant avec fierté : « Non, à ce soir ! Réfléchissez ! J'inscrirai vos noms ce soir. » Le soir cinq cent soixante officiers, sous-officiers et soldats, le quart de cette avant-garde généreuse, se faisaient inscrire, et le général, qui avait trois fois plus de volontaires qu'il n'en avait demandé, ne savait comment choisir parmi ces vaillants les deux cents otages du destin [1].

Vous avez raison, Messieurs, de saluer ces

---

1. Général Trochu.

braves gens de votre enthousiasme, tandis qu'ils portent si haut, sous la pluie des balles, au travers des éclats de la fusillade et des ondées de la mitraille, le drapeau de la France. Le sacrifice ambitionné et la mort affrontée avec sérénité pour la patrie appellent l'hommage du respect.

Je ne suis pas de ceux qui font bon marché de l'héroïsme d'un jeune homme arraché, dans sa fleur, à son champ ou à son atelier, au clocher de cette petite patrie qui nous est si chère dans la grande, à sa famille, à sa vieille mère qui peut-être ne le reverra plus, à sa fiancée qui peut-être ne l'attendra pas. Il arrive au régiment effarouché : il se range de mauvaise humeur, le cœur troublé et l'âme chagrine, sous la discipline incommode de la gamelle et de la chambrée. Si un jour il se redresse allègre sous le sac et attache un long regard d'orgueil à ce drapeau que ses anciens ont glorifié et qu'il honore à son tour, c'est qu'il a résolûment accepté son devoir, et, les sept ans achevés, il rentre dans son village sans se laisser distraire de la pensée de revoir ses foyers par l'appât de la prime ou même des galons, sans réclamer d'autre récompense qu'un certificat de bonne conduite, fier d'emporter avec lui l'estime de ses chefs et, sous la blouse comme sous l'uniforme, prêt à bien servir son pays.

A côté de ces vertus militaires qu'une nation (l'histoire en fait foi) ne cesse point impunément d'honorer, il existe des vertus d'une allure paisible, non moins fécondes pourtant, plus admirables encore.

Les Romains, un des grands peuples qui ont occupé la scène de l'histoire avant les Français, plaçaient le courage civil au-dessus du courage militaire et décernaient pour une vertu plus difficile des honneurs plus grands. Ils avaient des couronnes pour qui s'emparait d'un étendard ennemi, pour qui forçait un retranchement, escaladait une muraille; mais la plus éclatante, la plus glorieuse, la plus enviée de toutes, la couronne civique, ils la réservaient au patriote qui sauvait un citoyen.

Messieurs, l'homme modeste et bon, dont je vous racontais dans notre dernier entretien la simple histoire[1], M. de Montyon, n'a pas fait grand bruit dans le monde, mais sur la dalle funéraire du vestibule de l'Hôtel-Dieu où repose l'ami de ceux qui souvent n'ont plus d'ami, le bienfaiteur des hôpitaux de la grande ville, la patrie a placé une couronne civique.

Cette récompense si méritée d'une existence consacrée tout entière aux intérêts les

---

1. *Montyon ou la Vie d'un homme de bien*, par E. Morin.

plus élevés de l'humanité, Montyon ne l'eût point acceptée. L'admiration lui faisait peur; quand il fonda des prix destinés aux bons livres et aux belles actions, il ne voulait que pour les talents et les vertus des autres la gloire qu'il déclinait modestement pour lui-même.

I

Reportons-nous par la pensée au temps qui vit Montyon fonder les prix de vertu.

Il y a, dans la nature, des heures indécises où le ciel, assombri et sillonné de fugitives lueurs, semble presque au même instant s'éclairer et pâlir; un soleil voilé pénètre avec effort les couches immobiles d'une atmosphère pesante; à de trompeuses éclaircies succèdent de larges et brûlantes gouttes, les tressaillements de l'éclair, le sinistre murmure de la foudre qui roule en grondant suspendue sur nos têtes. Cette scène mobile aux horizons fuyants me représente bien le spectacle tourmenté et changeant qu'offrit le xviiie siècle, entre l'agonie du vieux lion royal, redouté encore, et le déchaînement terrible du peuple, si longtemps foulé; entre les dragonnades de Louis XIV et les échafauds de la Convention, tandis que le sceptre le plus lourd de l'Europe passe des doigts indifférents de Louis XV dans la main inquiète de Louis XVI.

Messieurs, l'historien qui flatte est comparable au marchand qui altère ses produits et vend à faux poids, au magistrat qui trafique de la justice. Qu'il se taise, ou bien, s'il parle, qu'il loue ce qui est louable, même contre le courant de l'esprit public ; qu'il blâme ce qui est blâmable, même quand l'opinion le protège de son silence, ou le couvre de sa complicité! Flétrissons dans Louis XV un prince qui s'abandonna sur le trône au plus irrémédiable vice dont un souverain puisse être atteint, l'égoïsme. Ce n'est pas qu'il fût d'une intelligence médiocre, d'un jugement troublé ou obscur ; il sentait bien que la France était à la veille d'une transformation, rendue par son inertie même immanquable. Mais au lieu de se jeter avec résolution sur le gouvernail, il s'endormait mollement avec un lâche sourire : « Cela durera bien encore autant » que moi; après moi, la tempête! après » moi, le déluge ! »

Celui qui livrait ainsi son peuple à une formidable crise était le descendant de ce preux qui refuse, au milieu de la mer soulevée, de quitter seul sa nef entr'ouverte : « La vie de mes sujets vaut la mienne ; je veux me sauver ou périr avec eux. »

On sent avec quelle joie Montyon qui disait, comme l'Hôpital, que « les séditions viennent presque toutes de l'indignation des hommes quand ils croient qu'on les méprise, » mêla ses acclamations à celles qui saluaient le successeur du sultan indolent et blasé, dont le long règne s'était usé à déshonorer le diadème de Henri IV. La France, a dit Henri Martin, pardonne volontiers à ceux qui l'ont aimée, même d'un amour personnel et tyrannique; elle n'est implacable qu'envers la mémoire de ceux qui l'ont dégradée.

Un honnête homme, que sa modestie et son intégrité eussent honoré dans la vie privée, placé par sa naissance sur le trône de France, ne devait-il pas paraître digne de seconder l'œuvre laborieuse d'une réforme que l'esprit public réclamait, sous le chaume comme dans les villes, dans le prétoire des parlements comme dans les salons de la jeune noblesse?

Vous connaissez tous, Messieurs, la machine de Marly; vous avez visité cette majesté déchue. Elle a eu son jour de gloire, son règne, ses courtisans. Quand vous en considérez le mécanisme naïf, vous vous dites que, si elle était en mouvement, elle ferait beaucoup de bruit et peu de besogne utile. A côté des serviteurs actifs et adroits que l'industrie métallurgique nous fournit tous les jours, des gracieuses machines qui tissent les trames les plus légères, s'arrêtent d'elles-mêmes pour défaire un nœud, rattacher un fil, qui reçoivent la matière première et rendent un objet d'art ou d'utilité instantanément fabriqué, le monstre de Marly ressemble au lourd et inutile Caliban que Shakspeare met en contraste avec le charmant et précieux Ariel. Où trouver l'artisan qui voudrait accepter la responsabilité, la paternité du gothique engin ?

Si nous voulons être équitables pourtant, ce n'est pas à l'Exposition universelle que nous irons prendre notre point de vue pour juger des mérites de la machine de Marly ; nous ne la comparerons point à ces dociles esclaves de fer, auxquels le travailleur se contente de donner l'impulsion, d'imposer sa volonté, de souffler une âme.

De même que, pour apprécier l'œuvre hydraulique tant vantée du grand siècle, nous voudrions nous reporter loyalement à l'époque où elle fut créée, où elle remplaçait des instruments beaucoup plus imparfaits encore, nous ne rappellerons l'organisation sociale, la constitution de la France au XVIIIe siècle, qu'avec le souvenir des progrès antérieurs dont elle avait été le résultat et avec la pensée des progrès ultérieurs dont elle était la promesse. La constitution d'un État a des bases profondes dans la tradition nationale, où elle plonge ses racines à une profondeur considérable.

Mais s'il est un fait patent qui accuse les torts et les vices de ce que nous pouvons appeler, du sein de l'égalité moderne, l'*ancien régime*, n'est-ce pas l'élan avec lequel les ouvriers et les paysans, cette foule innommée qui ne pouvait atteindre même aux priviléges de l'apprenti, aux prérogatives du compagnon, se précipita désespérément et tête baissée dans la Révolution, avec une fierté longtemps refoulée, avec constance, dureté, âpreté, comme gens qui se sentent opprimés, quelque chose de plus qu'opprimés, délaissés, avilis, plus qu'avilis, et, selon l'expression de la loi antique traitant de la condition des esclaves, *annulés*. Un écrivain récent, M. de Meaux, dit : « Il a fallu que le peuple se crût désintéressé de l'ordre social, qu'il n'aperçût rien de commun entre lui et ceux qui semblaient seuls avoir quelque chose à perdre, qu'il sentît dans les institutions anciennes uniquement ce qui le gênait, tandis que tout ce qui pouvait le soulager et le servir était placé loin de ses regards. »

Treize ans avant la Révolution, savez-vous qui tient ce langage sur la corvée que le ministre Turgot, le voisin d'intendance à Limoges et l'ami de Montyon, tentait d'abolir : « Presque tous les chemins du royaume ont été faits gratuitement par la partie la plus pauvre de la nation. Tout le poids en est donc retombé sur ceux qui n'ont que leurs bras. En forçant le pauvre à entretenir seul les routes, en l'obligeant à donner son temps et son travail sans salaire, on lui enlève l'unique ressource qu'il ait contre la misère et la faim pour le faire travailler au profit des riches [1]. » C'est Louis XVI qui parle.

Et au sujet des gênes que le système suranné des *corporations*, renversé aussi par Turgot, imposait aux ouvriers, que dit le roi ? « Dieu, en donnant à l'homme des besoins, en lui rendant nécessaire la ressource du travail, a fait du droit de travailler la propriété de tout homme. Cette propriété est la première, la plus sacrée, la plus imprescriptible de toutes. Abrogeons ces institutions arbitraires qui ne permettent pas à l'indigent de vivre de son travail ; qui repoussent un sexe à qui sa faiblesse a donné

---

[1]. M. Léon Aucoc estime, dans l'une des solides et brillantes études qu'on lui doit, à « douze millions le produit du travail imposé aux classes de la société qui avaient le moins de ressources et qui retiraient le moins de profit de l'amélioration des voies publiques. » (*Introduction à l'étude du droit administratif.*)

plus de besoins et moins de ressources, qui semblent, en le condamnant à une misère inévitable, seconder la séduction et la débauche ; qui éteignent l'émulation et l'industrie ; qui, par la facilité qu'elles donnent de forcer les plus pauvres à subir la loi des riches, deviennent un instrument de monopole. »

C'était, après tout, à cela que revenait la situation que Siéyès résuma en deux traits :

Qu'est-ce que le Tiers État ? Rien.

Que demande-t-il ? A être quelque chose.

II

Messieurs, ce temps, qui allait voir Montyon fonder les prix de vertu, et dont Joseph de Maistre a dit si âprement qu'il donna moins de victimes innocentes qu'on ne l'imagine aux sanglantes expiations de la Terreur, avait une grande vertu. Il croyait au bien, il croyait à la possibilité de le réaliser. Croire que l'on peut faire le bien, c'est se rendre capable de l'accomplir. Un historien sévère, M. Guizot, n'a pu échapper au charme contagieux de ces beaux élans. Il reconnaît que c'était une époque de lumières nouvelles, de progrès rapides, de civilisation expansive. Les mœurs s'adoucissaient, remarque-t-il, les esprits se développaient, les idées se propageaient en tout sens et à vue d'œil ; la vie devenait, pour tous, facile et animée ; il y avait dans toute la société une fermentation vive et féconde, une sorte d'épanouissement empressé et général, comme il arrive dans la nature au souffle du printemps. Tous ressentaient pour leur propre temps une admiration pleine de plaisir et d'espérance. « Notre siècle se croit appelé à renouveler les lois en tout genre et à faire justice, » dit hardiment la *Préface de l'Encyclopédie*. Tout ce mouvement des esprits, inspirant des réformes pratiques qui n'étaient que l'application des idées françaises, en Espagne, en Portugal, en Italie, en Autriche, en Prusse, en Danemark, en Suède, jusqu'en Russie, a fait le tour de l'Europe et il achève en ce moment le tour du monde. C'était l'honneur de la France et l'œuvre, dit le plus célèbre écrivain de ce siècle, d'un petit nombre d'esprits, sublimes ou aimables ; « grâce à eux on parle aujourd'hui français à Vienne, à Stockholm et à Moscou. » Le roi qui a fondé la grandeur de la Prusse n'avait cherché pour cet État d'autre baptême que celui des sympathies de la France. Au retour d'un voyage à Paris, Frédéric écrivait : « J'ai vu enfin deux choses qui m'ont toujours tenu à cœur, Voltaire et l'armée française. »

Il fallait une foi généreuse pour entreprendre l'œuvre malaisée d'une réformation générale des mœurs, des idées, des institutions.

M. Vinet, un protestant éminent, a voulu établir que ce que les chrétiens, dans la fraternelle ardeur de la primitive Église, avaient nommé la charité, les philosophes du xviiie siècle l'appelaient la bienfaisance.

Un esprit élevé, l'auteur de plusieurs ouvrages estimés des catholiques les plus rigoureux, Mme Sweetchine, fait une réflexion toute semblable et dit que les philosophes ont essayé d'étendre à la société ce qui jusque-là avait été appliqué surtout à l'individu. Ils tentaient d'agrandir le cercle et d'élargir le précepte. Elle estime que les paroles enflammées de l'amour de l'humanité, qui sortent des lèvres de ces écrivains, se rapprochent des vérités introduites dans le monde par le christianisme à la façon de « ces billets dont on constate l'origine en les confrontant avec la souche dont ils ont été découpés. » Balmès n'est pas moins net : « Ce que les philosophes prêchaient, c'est la fraternité universelle, une doctrine du christianisme. »

Un philosophe, M. Saisset, rapporte à la même origine « ces idées épurées sur Dieu et la Providence, ces principes d'humanité, de justice universelle, que le xviiie siècle a si glorieusement appliquées à la société moderne. »

Dans leur ardeur extrême, les hommes de ce temps se montraient souvent aussi dédaigneux de ce qui les avait précédés que le fut la Renaissance du moyen âge, que l'étaient les chrétiens de l'antiquité. Quelques-uns de ces pionniers, si avides de contempler de leurs yeux les progrès qu'il était urgent d'accomplir, avaient le tort grave de faire bon marché de la destinée individuelle de l'homme et de ne tenir compte que du développement de l'espèce. Ils diminuaient l'homme, sans le savoir, ceux qui pensaient que sa vie peut tenir entre deux dates, celle de sa naissance et celle de ses funérailles. Nos énergies intérieures ne se satisfont pas, resserrées dans les bornes étroites d'une vie éphémère, qui ne semble qu'une étape dans une éducation toujours croissante.

Si la morale qui découle de cette foi a fait peu de progrès, c'est que l'homme le plus souvent enferme son regard entre deux œillères et achoppe au cercueil en fermant les yeux pour ne point le regarder en face. Mais c'est à notre siècle, qui prend pleinement possession de la matière, qu'il appartient de comprendre pleinement l'esprit. Comment confondrait-on désormais l'âme avec la vapeur dont nous tirons un souffle vital pour nos machines, ou avec l'électricité dont nous faisons comme les nerfs de notre planète [1].

Nous ne consentons ni à enfermer la vie, en jouisseurs égoïstes, sur la terre, ni à reléguer, en ascètes mystiques, dans le ciel; nous ne pouvons nous absorber dans le sépulcre, comme le matérialisme, ou dans le sein du Dieu universel, comme le panthéisme; car la mort n'est plus pour nous que le point rapide où l'anneau qui finit se rive à l'anneau qui commence. Alfred Dumesnil l'a dit, non sans profondeur, dans un livre considérable médité et écrit avec la passion de l'immortalité : « A l'entrée des foules dans la pratique de la vie sociale, lorsque l'individualité pâlit et s'efface dans la brutalité première des forces collectives, affirmer la vitalité infinie, indestructible de l'âme humaine, c'est rétablir la base morale de la société, le caractère [2]. »

Si à quelques hommes, jaloux de l'indépendance de la vertu, une sorte d'enthousiasme du désintéressement donne dans une abnégation stoïque une suffisante sanction du devoir accompli, qu'on se rappelle ces tristes jours d'abaissement universel, où, sous

[1]. Point de vue ingénieusement développé dans *Le câble transatlantique* de M. Menu de Saint-Mesmin, 1867.
[2]. *L'Immortalité*, par Alfred Dumesnil, 1861.

le sceptre des Néron, à côté des Thraseas qui se complaisaient à sacrifier fièrement le trésor d'une vie sans lendemain, la peur d'une mort sans réveil précipitait le vulgaire dans la servitude aux genoux d'un Tigellin. La foi en l'immortalité, qu'est-ce donc autre chose que l'égalité de vocation des âmes, si nettement mise en lumière par les prix Montyon, devenue une vérité enfin réalisée? Est-ce que cette convoitise sublime manquera toujours aux avidités de notre siècle, qu'elle peut seule tempérer? Non, notre temps ne saurait accorder plus longtemps la croyance au progrès qui, dans la campagne sublime que l'humanité parcourt, est l'âme de l'armée, avec la défaillance de la foi en la vocation individuelle qui doit devenir l'âme du soldat! L'humanité arrivera un jour à supprimer la mort, osa dire en plein xviiie siècle Condorcet. Oui, en n'y croyant plus.

Cet avenir d'espérance illimitée, nos philosophes le cherchaient, ils prétendaient l'obtenir sur la terre. Celle-ci, en effet, offrait un spectacle assez douloureux pour qu'un changement de scène, souhaité des moins intéressés, absorbât leurs vœux et leur pensée. Ils détournaient volontairement leur esprit de tout autre espoir. Et voilà pourquoi d'Alembert dit : « L'incrédulité est une espèce de foi pour la plupart des impies. » La plupart pensaient nier Dieu et ne repoussaient que les horribles bûchers du moyen âge. Ils prétendaient confondre les vieux miracles au moment où ils renouvelaient la piété en découvrant les miracles éternels de l'âme et de la nature. Et voilà pourquoi Tocqueville (qui est tout près d'ajouter : Ils croyaient plus à leur doute que nous ne croyons à notre foi) commente ainsi la remarque de d'Alembert : « Ces sentiments et ces passions étaient devenus pour eux comme une sorte de religion nouvelle qui, produisant quelques-uns des plus grands effets qu'on ait vu les religions produire, les arrachait à l'égoïsme individuel, les poussait jusqu'à l'héroïsme et au dévouement, les rendait souvent comme insensibles à tous ces petits biens qui nous possèdent. »

III

Retrouver la Providence et la beauté de l'âme immortelle dans ces lois morales, qui sont à l'homme ce que l'air nourricier est aux végétaux qui le respirent, telle fut la pensée de Montyon quand il fonda les *Prix de vertu*. C'était un acte de piété sociale. Ce sont des formes de la vraie piété que de pratiquer la justice, de démontrer la vérité, d'honorer le dévouement, qui est le couronnement de la justice et qui fait de l'homme une Providence, à l'imitation du principe d'où il tire sa vie.

Au moment où les réformateurs n'invoquaient que la *justice*, c'est-à-dire le respect du droit de chacun, Montyon invoqua le *dévouement*, qui adoucit ce que la justice a de trop restreint, de trop prudent, de trop stérile. « Vous réclamez vos droits, soit; mais n'oubliez pas vos devoirs. Que les droits soient respectés, mais que les devoirs soient pratiqués. Libres, égaux, mais, dans l'ordre maintenu, bons et fraternels. N'allez pas, comme la métaphysique ou la politique, comme Adam Smith ou Kant, vous rejeter dans la froide abstention et dans le stoïcisme hautain. A tous les droits, donnez pour équilibre tous les devoirs. L'homme lève lentement, un à un, les voiles qui lui dérobent la société idéale; qu'ils tombent donc tous d'un coup et reconnaissez en elle à la fois le cœur qui donne l'inspiration et la raison qui donne la mesure, l'instrument du dévouement et l'organe de la justice. L'antiquité fut avide de liberté, de justice. Et nous, nous avons soif, en plus, de fraternité, de dévouement. Ainsi va l'humanité, comme dans l'ascension d'une cime dont le sommet rayonne, le pied toujours levé vers un degré supérieur. »

Il y a des tribunaux pour punir : pourquoi n'y aurait-il pas des juges pour récompenser? A côté du châtiment, la rémunération. Dragonetti ne venait-il pas de lancer son *Traité des vertus et des récompenses*, au moment où Beccaria, le généreux propagateur en Italie, comme Filiangeri, des idées françaises, publiait son *Traité des crimes et des châtiments?* Colbert, au rapport de Fontenelle, avait bien à sa solde des espions pour découvrir le mérite. Montyon les eût employés à découvrir la vertu.

Et savez-vous, Messieurs, quel fut le premier acte de vertu que l'Académie honora, que l'élite de la société parisienne couvrit de ses applaudissements émus? Ce fut le dévouement intrépide d'une pauvre mercière qui avait brisé les chaînes d'un prisonnier du roi.

IV

« Si l'on m'accusait d'avoir volé les tours de Notre-Dame, disait un philosophe avisé, qui ne prétendait qu'entr'ouvrir sa main pleine de vérités, je jugerais prudent d'abord de me sauver. » Ce n'était rien pourtant d'avoir à faire à ces parlements qui brûlaient encore des sorciers au temps de Fontenelle, qui rouaient les pasteurs protestants au temps de Voltaire.

Qui n'a lu dans Saint-Simon, sans verser une larme de pitié, l'histoire de ce pauvre Italien arrêté par méprise à Paris, le jour de son arrivée, et conduit à la Bastille. Il y demeure enfermé pendant trente-cinq ans, sans savoir pourquoi on l'a condamné à ce supplice, sans même être interrogé. Quand on lui rendit la liberté, il était vieux et cassé; il dit d'une voix tremblante qu'il ne connaissait plus personne et demanda à rester à la Bastille le reste de ses jours.

Montyon parlait des lettres de cachet, comme Malesherbes : « Grâce à elles, aucun citoyen n'est assuré de ne pas voir sa liberté sacrifiée à une vengeance. » Le duc de La Vrillière, sous Louis XV, en délivra, dit-on, cinquante mille; une marquise, qui avait tout pouvoir sur lui, en faisait commerce, en prêtait par obligeance à ses amis. Sous Louis XVI même, Beaumarchais fut enlevé au milieu d'un souper qu'il donnait à des grands seigneurs. M. de Ségur a raconté l'histoire d'un mari qui obtenait de la gracieuse marquise le moyen d'enfermer sa femme au moment où sa moitié recevait de M. de La Vrillière lui-même une pareille lettre de cachet contre son époux. Baucis et

Philémon se rencontrèrent, au milieu de
deux groupes d'exempts, sur le pont-levis.
Un magistrat, ami de Montyon, assurait que
les lettres de cachet étaient aussi nombreuses
que les autres mandats d'arrestation. L'Académie, fidèle à la pensée de Montyon, voulut protester contre l'abus des lettres de
cachet, lorsqu'elle honora la courageuse
libératrice de Latude.

Mme de Pompadour avait fait jeter cet infortuné à la Bastille pour une étourderie,
une étourderie à son adresse. Il s'était lestement évadé. Il n'avait d'ailleurs rien eu
de plus pressé que d'écrire de sa retraite à la
favorite, présentant de sincères excuses, d'instantes prières, de touchantes supplications.
On avait usé, abusé de sa confiance pour le
reprendre, l'enfermer dans ces cachots barbares qui firent horreur à Malesherbes et
qu'il voulait combler. Latude avait une
persévérance étrange. Il fabriquait, avec les
barreaux du cachot, des leviers pour enlever
les grilles de fer qui, d'espace en espace,
fermaient le tuyau de la cheminée; avec son
linge effilé, des cordes pour descendre des
tours dans les fossés et remonter des fossés
sur les parapets. Il s'enfuit encore; il put
pénétrer dans le palais. C'est au milieu de
l'appartement même du roi, qui avait toujours été regardé comme un lieu d'asile,

qu'on le fit prisonnier. On le ramena, les fers aux pieds et aux mains, à la Bastille; on l'enferma dans une des basses fosses souterraines. Vous savez comment Latude, abandonné de tous, apprivoise, avec cette gaieté qui est la racine du courage, des rats qui en amènent d'autres; c'étaient ses uniques compagnons de captivité. Il trouve dans la paille une branche de sureau, et le voilà armé d'un flageolet. Il écrit sur des tablettes de mie de pain avec le sang de ses veines sa triste histoire. Ce placet va chercher quelque compassion au dehors et n'en trouve pas.

Enfin Malesherbes est ministre (1775). Il s'enquiert et donne l'ordre de le mettre en liberté; mais ses persécuteurs le déclarent fou et il est transféré à Charenton. Il ne se décourage pas. Il va être encore une fois délivré, quand on le jette à Bicêtre; il y est mangé des poux, entouré de scélérats; il y a pour gardiens des criminels. Il parvient à attendrir un magistrat, un président; celui-ci essaie vainement de le sauver. Enfin Latude réussit à faire accepter d'un porte-clef un mémoire. Le porte-clef s'enivre au moment d'aller, contre récompense honnête, livrer le manuscrit suspect au gouverneur. Heureusement il perd, aux abords de la redoutable citadelle, le mémoire. Une femme le ramasse dans la boue. C'était une jeune mercière, dont le mari était répétiteur de latin et courait le cachet : ils étaient tous les deux fort pauvres; mais ceux qui souffrent (les longues et belles annales des prix Montyon nous l'ont assez révélé) savent merveilleusement entendre le langage de la souffrance. Ils font ce qui est, aux yeux du moraliste antique, le propre de la vertu : c'est sur leur misère qu'ils prélèvent leurs libéralités; c'est de leur souffrance qu'ils tirent pour les autres des allégements. Rappelez-vous le denier de la veuve. « Elle a mis plus que tous les autres. Ils ont donné de leur superflu et elle a donné de son indigence. »

La mercière lit l'histoire de ce pauvre homme. Elle lit, et elle pleure. Elle lit et elle frémit. Elle ne tremble pas; elle le sauvera. Elle s'enflamme pour la cause de cet infortuné. Elle ne réfléchit pas qu'une petite marchande de lacets et de boutons est bien peu de chose, quand il s'agit de délivrer un prisonnier que n'ont pu sauver des présidents ni des ministres, de Gourgues ni Malesherbes. Elle ne s'arrête plus; elle frappe à toutes les portes, aux portes des cardinaux, des grands seigneurs, des grandes dames. Entreprendre sans espérer, persévérer sans réussir, mépriser les menaces, la calomnie, déjouer les ruses les plus infâmes, voilà sa tâche ; elle porte dans le bien une sainte opiniâtreté, « cette âpreté singulière du chasseur ou du joueur que nous ne mettons guère que dans nos mauvaises passions, » a dit un grand historien, Michelet. Son père meurt, sa mère meurt ; elle voit sa boutique de couture vide de pratiques, son petit commerce perdu. On la soupçonne vilainement ; c'est l'éternelle épreuve qui attend le désintéressement. On fait mieux. Celui pour qui elle brave et affronte tout, même la Bastille dont le lieutenant de police veut lui faire peur, est trompé, mis par une perfidie infernale en défiance ; Latude la désavoue, la dément, la repousse. Elle lui pardonne et elle persiste à le sauver malgré lui. Elle est grosse de sept mois ; il s'agit de retrouver à Versailles la femme de chambre de la suivante d'une tante du roi ; elle va, par l'hiver et la neige, à pied, à Versailles. Cette suivante est partie ; la bonne samaritaine court dans la boue glacée et par les chemins défoncés, gagne une entorse, court toujours, la rejoint, l'attendrit, lui remet un placet qu'un courtisan, qui survient, déchire. Elle revient aux gens de lettres, dont le plus illustre en ce siècle eut une cour et pour courtisans tous les rois de l'Europe. Celui-là était mort. Il eût plaidé pour Latude, comme il avait plaidé pour Calas. Enfin elle arrache à ces puissants rigoureux, qui pardonnaient si tard un tort léger, la grâce de Latude, n'arrivant à temps que parce que l'infortuné s'était obstiné à vivre, comme Mme Legros s'était obstinée à le sauver!

Le premier des prix de vertu fondés par Montyon fut décerné par l'Académie française à Mme Legros!

La reine, le roi témoignèrent de l'intérêt à l'héroïne. Il aurait fallu ce jour-là murer la Bastille!

V

Que de preuves de cet amour ardent de l'humanité donna le XVIIIe siècle! Malesherbes, sans aller aussi loin que Bentham, qui voulait remplacer l'échafaud [1] et les galères par des maisons de repentir et d'amélioration individuelle, analogues aux stages de pénitence de la primitive Église chrétienne, Malesherbes améliore les prisons; Necker abolit la torture.

Bailly, Necker, Mme Necker (à l'origine de toutes les pensées généreuses il y a une femme), assainissent, humanisent les hôpi-

---

[1]. On lira avec émotion l'éloquente et religieuse requête de Terrel des Chesnes, *Tu ne tueras pas*. 1866.

taux où l'on trouvait dans le même lit neuf vieillards enveloppés de linges corrompus; dans les mêmes draps, un mort, un mourant, un convalescent; sur le même banc, des folles enchaînées au même billot, et s'entre-déchirant avec fureur. (*Rapport au Roi.*)

L'abbé de l'Épée, dont Préault a fait (à Saint-Roch) l'apothéose, combat et ose réparer un accident de la nature en créant son *Institution des sourds et muets* (1778). « Je tentai, dit-il, de faire entrer par les yeux dans leur esprit ce qui est entré dans le nôtre par les oreilles. » L'abbé Sicard continue son œuvre. Valentin Haüy fonde l'*Institut des aveugles travailleurs;* le toucher fut pour Haüy ce que l'œil était pour l'abbé de l'Épée. Il établit une imprimerie des enfants aveugles, et aujourd'hui les jeunes aveugles apprennent, grâce à lui, la lecture, la musique, les mathématiques. Pinel guérissait les fous qu'on enchaînait avant lui et qu'on maltraitait. Jenner déclarait la guerre à un fléau qui décimait ou flétrissait l'humanité. André Bell trouvait l'*École mutuelle* le jour où un enfant, qu'il avait tiré d'un fossé à demi rempli d'eau, lui amena deux petits malheureux de son âge, puis de nouveaux écoliers qui s'instruisirent les uns les autres, les plus capables formant les plus ignorants, comme nous le faisons, mes amis, à chaque instant, dans la pratique de la vie.

Je ne poursuivrai pas une énumération qui donnerait, dans mon esquisse plus d'importance au fond du tableau qu'à la scène principale que j'ai à vous décrire, quoique le fond soit nécessaire pour l'éclairer et l'expliquer. « Les hommes de ce temps embrassaient dans leurs méditations les intérêts de tout le genre humain, sans distinction de pays, de race ou de secte. Animés du sentiment d'une philanthropie universelle, ils combattaient l'injustice alors même que, étrangère à leur patrie, elle ne pouvait les atteindre. Ils la combattaient encore lorsque c'était leur patrie qui s'en rendait coupable envers d'autres peuples. Ils s'élevaient, en Europe, contre les crimes dont l'avidité souille (en condamnant les noirs à l'esclavage du corps et de l'âme) les rivages de l'Amérique, de l'Afrique ou de l'Asie. » Condorcet, qui écrit avec une sérénité courageuse cet éloge de son époque en face de l'échafaud où il croit à chaque instant s'entendre appeler, avait dit, en 1783 (si près de la Révolution et de l'Empire !) lors de sa réception à l'Académie : « Déjà l'homme, écoutant la voix de son cœur et de sa raison, met au rang des crimes la fureur des conquêtes. Les guerres seront plus rares. *N'avons-nous pas la conso-*

lante certitude qu'il n'y aura plus de ligues, de factions, plus de proscriptions, de massacres?... »

... Je m'arrête. A dix années d'intervalle, Condorcet n'échappait à l'échafaud, qui attendait Malesherbes, que par le suicide de Caton; moins heureux que Turgot qui, succombant à une mort prématurée, vit approcher le moment où ses théories allaient obtenir un éclatant triomphe et n'entendit point sonner l'heure où la violence, qui s'élève des cœurs ulcérés, allait les souiller.

Oui, douze ans après le jour où les prix fondés à l'Académie française par une main anonyme, garantis par des rentes placées sur la tête de Louis XVI, étaient décernés au véritable vainqueur de la Bastille, à la pauvre mercière qui avait brisé les fers de Latude, ce malheureux prince était, non loin de la Bastille dont il ne restait plus une pierre debout, renfermé dans la tour du Temple.

Il avait auprès de lui Madame Élisabeth, sa sœur, qu'il avait pressée de fuir et qui avait voulu rester pour partager sa captivité. Vous ne vous étonnerez pas que M. de Montyon, qui avait couronné la pitié dans Mme Legros, ait, par un monument que possède l'Institut, voulu honorer le dévouement de Madame Élisabeth. Loin de nous ceux qui savent reconnaître la vertu sous une veste de bure et qui la méconnaissent sous un manteau de soie ! Saluons l'égale vocation et la fraternité native des âmes, nous rappelant que les hommes qui manquent de justice ne sont pas dignes d'être libres. Mme Legros se fût inclinée devant la vertu de Madame quand celle-ci accourt, en entendant des cris sinistres auprès de la reine, sa belle-sœur. Elle s'élance au-devant des meurtriers. On la prenait pour la reine, et déjà des bras se lèvent pour frapper; elle allait périr, comme périt la fille du bon Penthièvre, la princesse de Lamballe, lorsque de la foule part un cri: « Arrêtez ! c'est Madame Élisabeth ! » Elle était bien connue; elle n'excitait nulle haine; personne n'ignorait que le roi ne se considérait point comme assez riche pour l'enrichir; elle recevait à chaque instant de lui de l'argent, des diamants; sa bourse était toujours vide, sa parure toujours sans éclat; tout s'en allait en dons. La foule se retira avec respect. « Hélas ! disait Madame Élisabeth avec douleur, pourquoi les avoir détrompés? il m'eût été si doux de mourir pour ma sœur ! »

VI

Si, dans des temps malheureux, il n'est pas interdit à un honnête homme de chercher un refuge dans les vertus silencieuses et solitaires, combien il est plus noble de faire abnégation de soi même et de continuer en dépit de toute angoisse à travailler pour autrui. Nous ne sommes pas nés pour nous seuls.

Montyon ressentait ces sentiments. L'infortune est l'épreuve des caractères. Les lâches et les vaniteux y empirent; les bons s'y améliorent. Il croit manquer sa vie, celui qui en sait le prix et qui voit son existence couler inutile pour tous, pareille à la source qui jaillit dans un désert, à l'arbre qui fleurit et mûrit sur des ruines.

Ce n'est pas Montyon qui connut jamais ce triste et sot amour de soi-même qui fait de nous les frelons de la ruche, et que l'on nomme l'égoïsme. Il était de cet avis que c'est n'être bon à rien que de n'être bon qu'à soi. A côté du Malheur il avait vu de bonne heure la Pitié qui, le suivant pas à pas, panse les blessures qu'il fait, et il s'était dit, comme un chevalier des anciens jours, son féal et son suivant.

Il avait hâte de voir son exil terminé et sans doute son cœur ne demeurait pas insensible, sous ce vieil habit de velours qui égayait les oisifs de Versailles, alors que l'Europe, après une lutte prodigieuse, était forcée de reconnaître l'indépendance de la France, de saluer les trois couleurs flottant de la mer au Rhin et des Pyrénées aux Alpes, sur nos anciennes limites, pour la première fois recouvrées depuis Charlemagne. La trace des discordes civiles s'effaçait; le commerce, l'industrie, les arts renaissaient; la vente des grands domaines avait mis un morceau de terre entre les mains de nos paysans dont la propriété allait faire des citoyens. Il était donné aux hommes de ce temps, de voir l'ancienne France et la nouvelle confondues dans cette glorieuse armée vraiment nationale qui portait si haut le drapeau de Valmy, de Fleurus, de Marengo. Certes, M. de Montyon applaudissait du foyer refroidi de l'étranger, de la rive où l'enchaînait l'exil de ses amis, à ces fêtes sans larmes de la France rajeunie et triomphante; il eût voulu les saluer des mains comme du cœur.

Mais M. de Montyon avait une vertu dont il ne faut pas médire. Elle est rare. Elle suffit à glorifier les hommes de la condition la plus obscure et de l'esprit le moins brillant. C'était la fidélité à ceux qui l'avaient méconnu plus souvent qu'honoré, mais dont il respectait pieusement la disgrâce. Montyon était un courtisan du malheur. Ne craignons pas que les *courtisans du malheur* deviennent jamais trop nombreux.

« Je ne veux pas d'autre place, disait

Montyon en parlant des fonctions gratuites qu'il remplissait dans l'exil auprès de Louis XVIII proscrit et fugitif; et si jamais la fortune nous réserve la joie de retourner dans notre pays, je n'accepterai de mon souverain aucun honneur, aucun avantage qui puisse donner lieu de suspecter la sincérité, la pureté de mon dévouement. » Ce serment a été religieusement tenu. Je ne sache pas que Montyon ait eu en cela beaucoup d'imitateurs.

Montyon se fit pourtant une fois, après son retour en France, solliciteur. Ce fut en 1819, pour presser le ministre de l'intérieur de rétablir le prix de vertu et les prix d'utilité publique, fondés par lui avant la Révolution. Cependant le ministre déclare qu'il n'a pas de fonds. Il promet d'aviser; rien ne se fait.

L'Institut, que Montyon détermine à prendre l'initiative de démarches nouvelles, ne fut pas d'abord plus heureux que lui. Quel fut l'étonnement de l'Académie française lorsque des libéralités, dont la source demeurait mystérieuse, lui permirent d'écrire à M. de Montyon : « Les deux fondations antérieures à la Révolution sur lesquelles vous appelez notre attention, ont été rétablies par un anonyme, dans lequel l'Académie a retrouvé le zèle et la générosité du précédent fondateur, au point qu'elle aime à rapprocher et à confondre l'un et l'autre dans les mêmes sentiments d'estime et de reconnaissance. »

« Ainsi la bienfaisance ne se décourage pas, » disait, au nom de l'Institut, M. Daru, en rapprochant la donation de 1780 de la dotation de 1819. « Ainsi, après trente années d'interruption, de malheur peut-être, celui qui autrefois avait encouragé les pauvres à la vertu ne se croyait point quitte envers eux. Ah! s'il nous entend, qu'il nous pardonne d'avoir deviné une partie de son secret. C'est sans doute un sage, c'est un homme accoutumé à méditer sur l'organisation de la société, que celui qui se propose pour objet l'amélioration de ses semblables; et, s'il nous est permis de tirer quelque induction du choix qu'il a fait de nous pour être les dispensateurs de ses bienfaits, nous aimons à nous le représenter comme un ami des lettres. »

Le prix pour l'ouvrage le plus utile aux mœurs avait été rétabli dès 1817, ainsi que le prix de *statistique;* le prix, dit de *physiologie expérimentale,* qui devait stimuler les progrès de l'art de guérir, en 1818. Celui que Montyon destinait à l'invention ou au perfectionnement des instruments utiles à l'agriculture, aux arts mécaniques et aux sciences, le fut en 1819. Montyon croyait à la vertu de l'exemple. Son zèle pour les progrès de l'esprit humain devait être couronné par la récompense qu'il eût lui-même le plus ambitionnée, celle de faire partager à d'autres cœurs ses vues généreuses. Un jeune Français, mort d'une maladie de langueur dans un village d'Égypte, à l'âge des belles espérances, le baron Gobert, a consacré, à l'imitation de Montyon, ses libéralités dernières comme une noble exhortation aux saines études, aux laborieuses entreprises que sa vie défaillante, selon la parole éloquente de M. Villemain, lui refusait à lui-même. Hier Ernest Godard, *mourant pour la science* à Jaffa, nous laissait d'aussi nobles adieux. Grands exemples, qui remontaient de Montyon au prix d'éloquence créé par Richelieu, et qui se sont continués par une fondation de M. de Maillé, destinée à soutenir l'homme de lettres contre les amertumes de ses débuts et les tristesses de son déclin, et tout récemment par une dotation d'un enfant du peuple, du fils d'un cabaretier d'Étampes, d'un simple horloger, lecteur assidu des livrets Montyon, Antoine Souriau[1].

Je ne sais pourquoi, Messieurs, un conte

[1]. Par d'autres fondations encore, prix Bordin, Lambert, etc. Les prix de vertu *se décentralisent* (fondation Rambot à Aix, prix des Comices, etc.).

de Sadi me revient en mémoire. Aimez vous les contes? J'avoue que, bien ou mal contés, ils me charment et, comme dans la légende, j'irais la nuit réveiller le conteur pour l'entendre encore. Le conte, c'est le rêve; il réjouit notre cœur et nous repose de la réalité, comme la gloire de l'homme de bien console de l'iniquité et contente la justice.

La caravane s'arrête à la source, sous les palmiers, aux feux du soir qui empourprent le ciel. — Le jeune chef se penche et lit l'inscription gravée sur le marbre ruiné : Voyageur, imite-moi. — Oui, s'écrie l'émir, point de lâche repos et, comme elle, coulons toujours. — Sa fiancée se dérobe sous ses voiles et dit : Soyons pure comme elle. — Un derviche passait : Mes enfants, comme cette onde, active et limpide, donnons-nous à qui a soif, à qui souffre; comme elle, courons vite arroser déserts et prairies; partageons-nous en mille bras pour nous donner à plus d'altérés; perdons, pour faire le bien, jusqu'à l'honneur de notre œuvre, jusqu'à notre nom.

VII

Si l'on a pu dire qu'il faut ne pas avoir aimé les hommes à vingt ans pour ne pas les haïr ou les plaindre à quarante, combien il a le cœur profond celui qui, à quatre-vingts ans, après une vie employée à les secourir et à les chérir, semble avoir tant besoin encore de les admirer.

Nous disons assez de mal de nous-mêmes, par légèreté, par jactance ou par regret de nos mécomptes, et ces calomnies vantardes découragent au fond notre espoir et stérilisent en nos pauvres âmes tout élan. L'admiration est salutaire; elle console du mal et elle sème le bien sous nos pas. Quand la société antique, lasse de ses vices et fatiguée de ses plaies, se prit à désespérer et à souhaiter la fin des temps, jusqu'au jour où l'opposition chrétienne vint la réveiller de sa torpeur, elle donnait pour maxime à ses sages, qui ne voulaient plus apprendre que l'art de mourir, le : *Ne s'émouvoir de rien, n'admirer rien*. Le monde ne se reprit à espérer, et ne recommença à vivre qu'en admirant les hommes populaires et les filles esclaves que les magistrats et les préfets de l'empereur jetaient en proie aux lions du cirque, et qui s'écriaient : Je suis chrétien! Ceux dont le dédain hante les lèvres ont le cœur flétri, et ce cœur ne produira rien. Mépriser les hommes, c'est au fond se mépriser soi-même. S'enthousiasmer pour le bien, c'est déjà par cela seul combattre le mal. L'admiration élève, et étend l'âme comme l'amour; le dédain l'abaisse, la resserre comme la haine. Ce qui fait de l'envie un autre crime contre soi-même, c'est qu'elle ferme et scelle l'âme. L'admiration l'ouvre, l'ouvre toute grande. Aimons ceux qui nous apprennent à admirer. Et quiconque accroît l'admiration dans un pays a bien mérité de ses concitoyens. Ne permettons jamais aux hommes de se mépriser. Il faut placer haut la vertu dans l'estime des peuples, comme ces fontaines dont on élève les eaux, dit Bossuet, pour les mieux répandre.

Cet astre de l'honneur, que Napoléon attachait de sa main, dans une de ses imaginations épiques, au ciel idéal de la France, Montyon, qui avait tenté de l'y fixer avant le drame de la République et de l'Empire, sous une invocation plus pacifique mais non moins féconde, celle du dévouement, voulut l'y replacer, alors que la carrière des exploits fabuleux se fermait et que se rouvrait, plus fertile encore en épreuves (par suite de la liberté sans limites de l'industrie et du droit de propriété), la carrière des misères ignorées et des sacrifices inconnus.

Montyon n'était point revenu de l'exil aigri. Il était de ces hommes d'élite qui ne connaissent pas la lassitude dans le bien. Il avait placé trop haut ses espérances, dans les sereines régions de la sagesse et de la vérité, pour qu'elles pussent s'évanouir, comme s'envolent loin de nos yeux de frivoles illusions.

Je n'ai jamais cru, pour ma part, que celui que les triumvirs appelaient le dernier Romain, celui que les Russes nommèrent le dernier Polonais, aient douté en succombant, l'un de la justice, l'autre de la patrie, pour laquelle ils tombaient. Celui qui doute de sa cause n'est jamais rien. Montyon croit à la bonté humaine, après la terrible crise de 1793, comme il y croyait auparavant.

L'imaginaire cité de la perfection, que le xviii° siècle rêvait si généreusement d'élever sous le sceptre de la reine de Justice; la Salente philanthropique à laquelle le bon duc de Penthièvre, la jeune et enthousiaste duchesse de Chartres, la reine Marie-Antoinette, Louis XVI le bien intentionné, tant d'autres, comme Montyon, Turgot, Malesherbes ou Condorcet, prétendaient apporter leur pierre, un mirage la déplace. Les hommes, qui se consacrent à l'amélioration morale et matérielle de leurs semblables, la voient toujours briller devant leurs pas. « L'âge d'or est devant nous, » telle a été la confiante devise des apôtres de la réformation sociale au xix° siècle.

Acteur et témoin de l'une de ces audacieuses transformations, dont notre pays a donné tant de fois l'exemple et la règle depuis quinze siècles à l'Europe, comme l'établissement de la décentralisation féodale, la résistance des communes à l'anarchie fédérative, le rétablissement de la monarchie devenue un grand juge de paix entre la féodalité et le Tiers État, Montyon aurait-il pu méconnaître l'influence que nous venions pendant vingt-cinq ans d'exercer autour de nous? Elle était immense. Si la France supprime la gabelle, l'Europe l'imite; la dîme, l'Europe l'abolit; le droit d'aînesse, l'Europe en fait autant. Joseph de Maistre, l'irréconciliable adversaire de la réformation sociale, allait jusqu'à dire : « La Révolution continuera comme elle a continué jusqu'ici, sans que les étrangers puissent s'en mêler efficacement. Rien de grand ne se fait en Europe sans les Français. »

Mais à quelle condition la France pouvait-elle conserver cette magistrature en Europe?

A la condition que chacun de ces Français, qu'animait alors une si juste fierté pour la gloire de leur patrie, ne prît pas moins à cœur les vertus du foyer que les vertus du champ de bataille, et que le perfectionnement des individus crût en proportion de la gloire de la patrie. La révolution qui conduit le monde vers de meilleures destinées, c'est surtout celle que chacun de nous commence en lui-même et poursuit contre ses vices ou ses défauts sans trêve et sans molles complaisances. Rien ne se perd dans le monde moral, non plus que dans le monde matériel. Une vertu de plus, c'est une force de plus. L'amélioration de chacun fait au bout du compte le progrès de tous. Et qui peut mieux aiguillonner l'élan général vers le progrès, que l'exemple?

On a dit des grands hommes : ils sont nés pour l'exemple. L'exemple est la meilleure des leçons, le plus fécond des enseignements. L'homme se roidit contre le précepte, mais il s'incline avec respect, avec émotion, devant l'exemple.

Qui n'a aimé, aux jours de son adolescence, qui n'a admiré, dans le plus modeste et le meilleur des classiques de l'enfance, dans les simples et touchants récits de la *Morale en action*, le dévouement de l'officier qui tombe pour couvrir son régiment; du contre-maître qui sort le dernier de la mine dévastée, après avoir préservé de la mort ses ouvriers; du prince noyé, en sauvant des malheureux que l'Oder entraîne et que l'on abandonne; de l'archevêque s'enveloppant d'un drap mouillé pour arracher aux flammes deux enfants que l'on n'ose secourir. Les noms populaires des d'Assas, des Goffin, des Brunswick, des Mgr de Pau, retentiront toujours comme ceux du poëte Rotrou, à Chartres, du cardinal Cheverus, à Bordeaux, de l'édile Rose, de l'évêque de Belzunce, à Marseille, des médecins et des sœurs accourus de France à Barcelone, pour y mourir au milieu des pestiférés.

Qui n'a honoré Élisabeth Fry et Howard dans les cachots ou parmi les déportés, l'archevêque Affre et sœur Rosalie au milieu des barricades, miss Nightingale, émule des sœurs de France, sous les tentes de la Crimée? Qui n'a frémi parmi nous de l'héroïsme d'un Bravo, lieutenant de Morelos, au Mexique, ne pouvant obtenir d'un implacable adversaire la grâce de son père et lui donnant, pour le punir, la vie de trois cents prisonniers espagnols; — ou des vertus plus qu'humaines de ces admirables femmes de Hongrie, de Pologne, de Brescia, de Venise, etc., nous offrant le spectacle de la folie de l'héroïsme victorieuse de la folie de la barbarie, combattant comme des Clorinde, secourant au milieu même de la mêlée ou à l'ambulance ces soldats étrangers qui les avaient outragées et que leur magnanimité, faite de sainte indignation et de pitié religieuse, a vaincus à l'admiration de l'Europe? C'est pour recueillir et distribuer à tous cette manne nourrissante des beaux exemples que Montyon revient, en 1819, à cette fondation des prix de vertu, qu'il plaçait, en 1780, sur la tête du roi et du dauphin.

Ce n'est pas que ce vieillard, fidèle, sur les deux rives d'un abîme où s'était englouti tout un ordre social, à la foi de sa jeunesse, partageât, plus qu'en 1780, les espérances illimitées de Condorcet qui, dans son discours de réception à l'Académie, déclarait attendre « pour la génération qui allait venir, grâce au progrès des lumières, une méthode d'éducation et un système de lois qui rendraient *presque inutile* le courage de la vertu. » Mais Montyon n'eût pas été davantage de l'avis de ce misanthrope qui assurait que décerner des prix de moralité chez un peuple, c'était accuser hautement sa démoralisation, et il eût taxé peut-être de quelque exagération ce Montausier contemporain qui repoussait avec une sincère colère le surnom d'*honnête homme*, qu'on se plaisait à lui donner, comme constituant la critique la plus sanglante de son temps ou de son pays.

Montyon préférait bonnement à ces austères exagérations l'opinion du sage grec qui nommait le meilleur des gouvernements celui où l'on voit la vertu honorée et le vice flétri. Comme les compatriotes de ce sage qui décernaient, dans les plaines d'Olympie, au milieu d'une trêve respectée de toutes les passions et de tous les partis, aux arts, aux lettres, aux belles actions les palmes verdoyantes et la gloire, notre Montyon eût cité à ses contradicteurs la grande parole de Platon : « Si la vertu pouvait se rendre visible aux yeux des hommes, quelle noble passion n'exciterait-elle pas dans leurs âmes ! »

Montyon, qui ne suivait point Condorcet dans les sphères radieuses de l'utopie, ne prenait pas non plus sans doute à la lettre les louanges de l'abbé Maury, lorsque celui-ci admis, peu de temps après Condorcet, à siéger à l'Académie française (1785), se félicitait « bien moins de voir autour de lui les représentants les plus illustres de la littérature, que d'y contempler les plus vertueux des hommes. » On ne comptait que sept sages en Grèce. Mais les quarante fauteuils, réservés aux gens d'esprit à l'Académie, ont toujours été si bien remplis, que le quarante et unième fauteuil n'a jamais manqué d'illustres occupants, depuis Molière jusqu'à Béranger.

L'Académie, sous l'inspiration patriotique de Richelieu, avait plus d'une fois appelé l'éloquence à célébrer saint Louis, Louis XII, l'Hôpital, Sully, Catinat, Turenne, Fénelon; et l'histoire lui offrait encore une moisson de ces grands noms qui forment notre trésor national; « mais, disait dès 1780 l'auteur de la fondation des prix de vertu, il n'est qu'un petit nombre dont les actions aient de la célébrité, et le sort du peuple est que ses vertus restent ignorées. » L'Académie méritait une récompense pour le zèle qu'elle avait apporté à remplir la patriotique mission qui lui avait été donnée par Richelieu, de tenir toujours ouvert le grand livre de la reconnaissance publique. Cette récompense, Montyon la lui assurait, en lui confiant la tâche de révéler, par un salutaire contraste, dans de solennelles assises de la vertu, les beaux dévouements qui sont des titres d'honneur pour une nation et pour le genre humain. Ce sont ses droits que Montesquieu avait restitués à la patrie et à l'humanité, dans le célèbre ouvrage où il avait cherché à fonder l'accord de la liberté avec l'autorité gardienne du pacte social ; ce sont, si on souffre un rapprochement entre des renommées d'ordre différent, mais également sérieuses, également pures, ce sont ses devoirs, base primordiale de tout ordre social, ce sont ses vertus, ciment nécessaire des institutions libérales, que Montyon voulait leur restituer.

Montyon ne craignait pas que l'Académie, en révélant ces sacrifices volontaires, répandît la lumière sur des misères plus faciles à sonder qu'à extirper. Faire connaître le mal dans nos sociétés, désireuses d'assurer le bien-être de tous et la concorde publique, n'est-ce pas provoquer les citoyens et l'État à rechercher le remède ? C'est tout au moins exciter les citoyens à soutenir en commun le poids de l'existence. Que de dégoûtés de la vie peuvent essayer de la bienfaisance comme d'un remède à l'ennui ; remède sûr et qui guérit tout d'abord le médecin, comme il arrive à ce Scrooge qui (dans Dickens) solennise Noël en devenant un bon homme. L'aide mutuelle, la bonne harmonie, c'est la loi et les prophètes pour nous.

« Aidez-vous les uns les autres. » De l'aumône chrétienne aux institutions de prévoyance que notre siècle élève, de la charité privée aux sociétés coopératives, toutes les bonnes volontés sont contenues dans ce précepte qui est dans l'âme comme sur les lèvres de tous aujourd'hui. En faisant des académiciens de France les historiographes de la vertu populaire, comme leurs devanciers étaient les historiographes des exploits royaux, Montyon se rappelait avec quelle générosité ces écrivains (dont on médit volontiers comme de toutes les puissances) s'élancent vers les immortelles images qui peuplent leur ciel idéal, avec quel enthousiasme ils s'éprennent des reflets que les objets de la terre empruntent à ces éclatantes lumières, combien ils excellent à conquérir la foule aux causes généreuses qui font battre leur cœur.

Il estimait salutaire de réunir sur un terrain commun, dans une noble émulation pour la propagande du bien, des hommes que la diversité et la vivacité de leurs impressions séparent ordinairement. Il ne jugeait point inutile de constater, en face des variations du goût littéraire, la permanence du principe de moralité ; de mettre en contraste avec les paradoxes littéraires, qu'enfantent les caprices de la mode, ces deux incorruptibles passions dont la fécondité populaire est le salut de nos sociétés, je veux dire la compassion pour le malheur, le respect pour la vertu.

Prenons un exemple. Lorsque M. de Montyon faisait proclamer par les princes des lettres, la grandeur de ce nègre Eustache qui, au milieu de la proscription des blancs par les noirs de Saint-Domingue, ne voulut plus être du parti des bourreaux mais de celui des victimes, qui sauvé à plusieurs reprises de l'incendie et du guet-apens, de la bataille et du naufrage, nourrit ses maîtres, redevenus à l'heure du péril ses semblables ; quand il célébrait par la voix d'un écrivain éminent la délicatesse exquise de cet ignorant, apprenant à lire, dans un âge déjà avancé, pour tromper les insomnies d'un vieillard (qui dut se reprocher alors de ne lui avoir pas donné le pain qu'un supérieur doit à tous ses inférieurs, l'instruction), —

ce vengeur des simples ne tirait-il pas par avance de spirituelles représailles des railleries d'un hardi et fécond romancier, qui transforme le simple et bon Eustache en un ténébreux coquin. Dans cette conception d'un écrivain ingénieux (dont nous ne citons l'erreur qu'en raison de l'estime qui s'attache à son caractère et à ses écrits), le tartufe noir, Atar-Gull, obtient un prix Montyon [1] en assassinant le maître qu'il a l'air d'aimer et d'assister.

Eustache, qui répétait toujours : « Il vaut mieux donner que de recevoir, » qui disait de ceux qu'il avait enrichis aux dépens de son petit pécule : « Je n'ai rien, mais ils ont quelque chose, » Eustache fut plus près peut-être que le romancier de cette parole célèbre, que Montyon semble avoir prise pour devise : « Les grandes pensées viennent du cœur. »

VIII

L'Académie française avait reçu du vénérable Montyon une tâche dont il n'était guère aisé de s'acquitter. C'est non-seule-

---

[1] L'Académie n'est pas infaillible, et son lauréat ne devient pas, comme par le fait d'une onction sainte, impeccable. On conte qu'une femme, qui avait été couronnée par l'Académie, fut accusée de vol ; accusée, non convaincue. De désespoir la malheureuse se pendit.

ment parce que la vertu a sa pudeur, qu'elle se dérobe à qui s'avance pour en respirer le parfum sur la tige, qu'on risque de la flétrir en y touchant. C'est encore parce qu'il est dur de faire un choix dans cet inventaire de la richesse morale de la France, quand on aimerait à l'accepter tout entier ; c'est qu'il en coûte de contrôler ce qu'on admire, de critiquer ce qui exalte, de discuter ce qui émeut, de ne mettre en lumière que quelques bonnes œuvres, quand on voudrait les citer toutes.

Cette tâche, déjà si complexe, eût été bien plus difficile encore à remplir si l'Académie se fût placée au point de vue des contemporains de Montyon. Bentham ne donnant, dans sa *Théorie des peines et récompenses*, pour règle à la moralité que la recherche de l'utile, aurait entraîné ses disciples à récompenser des services en croyant honorer des vertus. Laissons aux mérites publics les récompenses publiques, aux qualités de conduite et d'application les satisfactions de la réussite, de l'honorabilité et de la fortune. L'Académie aurait-elle trouvé un meilleur guide dans le sceptique et sentimental héros de Voltaire, Zadig, qui institue des prix de vertu... à Babylone, et les décerne à quelque action rare, à quelque exploit de générosité inouïe, comme en veulent le roman ou le théâtre, et qui parle à l'imagination [1]?

Les plus belles des victoires, dans l'ordre moral, sont celles que chaque jour ébranle et que chaque jour raffermit. Les vrais triomphes sont ceux qui se continuent par une longue suite de belles actions.

L'héroïsme militaire a sans doute d'admirables élans, et le sacrifice spontané de sa vie au salut d'une victime ne peut être l'objet d'une trop vive gratitude de la part de la société. Les catalogues des médailles d'honneur au *Moniteur*, les faits divers des journaux, montrent assez que ces vertus soudaines et d'explosion ne sont nulle part moins rares qu'en France. Mais si je vous montre un homme qui sacrifie son existence tous les jours, en détail, sans espoir de récompense, pour obéir à sa conscience, dans une sorte d'abnégation patiente, monotone, qu'aucune

---

[1]. C'est par exemple un juge qui, à l'imitation d'un magistrat du xviie siècle, ayant fait perdre un procès à une famille en égarant une pièce décisive, lui abandonne sa fortune. C'est un amant qui cède la main d'une Pauline à son ami, sans être à l'heure de la mort ainsi que Polyeucte. C'est un guerrier qui sacrifie, comme dans un drame de Meyerbeer, sa fiancée à sa mère. Le roi donne le prix à un courtisan qui a défendu un ministre disgracié. Et le courtisan l'offre au roi « qui ne s'est pas fâché lorsqu'on contredisait sa passion. » On trouve dans la poésie allemande (Hebel, Lichtwer, etc.), quelques-uns de ces germes qui, épars à travers la chaude atmosphère du xviiie siècle, vinrent éclore dans la fondation des prix de vertu.

circonstance rare ne soutient, un homme qui transforme par l'acceptation d'un devoir ardu la persévérance en une source féconde et abondante de dévouement, qui ne reconnaît en lui le type véritable de la vertu que cherchait, pour l'honorer, M. de Montyon? La constance dans le bien, c'est parmi les hommes le plus rare et le plus précieux des mérites.

> La vertu, qui n'est pas d'un facile exercice,
> C'est la persévérance après le sacrifice;
> C'est quand le premier feu s'est lentement éteint,
> La résolution qui survit à l'instinct;
> Et seule, devant soi, paisible, refroidie,
> Par un monde oublieux n'étant plus applaudie,
> A travers les dédains, l'injure et le dégoût,
> Modeste et ferme, suit son chemin jusqu'au bout.

Aujourd'hui surtout où l'homme de labeur, de négoce, n'aspire qu'à faire fortune pour s'éloigner plus vite de sa clientèle, à précipiter, au détriment de l'activité et de la fortune publiques, l'heure de ce qu'il appelle sa *retraite*, peut-on admirer assez ces serviteurs volontaires qui sacrifient leur liberté et jusqu'à leurs épargnes pour soutenir la famille de leurs anciens maîtres, subitement ruinés d'un revers de fortune, des serviteurs tels que le nègre Eustache et cent autres que l'Académie a couronnés.

Le familier, ou serviteur antique, ne disait pas : Notre ennemi c'est notre maître; il faisait toujours partie de la *famille;* on y avait des devoirs envers lui comme il en avait envers la famille ; l'égalité des âmes lui donnait souvent au foyer, par la supériorité du dévouement ou de la sagesse, place au premier rang. Qui ne se rappelle les servantes si libres de parole, *si fortes en gueule*, si dévouées à la maison, que nous montre le théâtre de Molière. Dorine morigène le père de famille indifférent ou égoïste, sauve Madame des piéges d'un faux ami, démasque et chasse l'intrigant qui convoite la dot, conseille et protége l'amoureux qui n'en veut qu'au cœur. Elle parle haut et contrôle tout parce qu'elle aime ces gens-là. Elle a élevé le père et elle élèvera les enfants. La maison et ses vieux meubles l'ont vu naître et la verront mourir. « Je ne veux pas qu'on m'aime ? » dira Orgon, dans sa colère.

Et je veux vous aimer, monsieur, malgré vous-même,

répondra Dorine, le poing sur la hanche. Qui a oublié ce vieux serviteur du grand poëte portugais, Camoens, mendiant dans la rue pour nourrir le poëte infirme et dédaigné, sur son grabat, du roi et du pays ? Mais est-il plus noble que cette bonne fille qu'une grande dame, tombée, en 1793, dans l'indigence, en venait à nommer, par admiration pour sa délicatesse et dans un sentiment tout démocratique, *ma sœur ?* Citerai-je l'héroïque servante qui cherchait, malgré la défense sévère du médecin, à réchauffer sa maîtresse, frappée d'un mal mortel, en partageant pendant de longs mois sa couche? Nommerai-je ce concierge de l'école des Beaux-Arts qui fait instruire, comme s'il eût été leur père, les enfants du professeur Renou, mort dans le dénûment d'un artiste, et dont les élèves de l'École respectent dans leur attendrissement la vieillesse et le sommeil, en montant les escaliers sur la pointe du pied? Rappellerai-je ce vieux valet qui avait recueilli les descendants des Sully, gardant pendant deux ans le pain noir pour lui et ses enfants et réservant pour eux le pain blanc ; ou vous dépeindrai-je ce nouveau Caleb qui se faisait blesser, égorger sur le seuil de la chambre de son maître, pour lui laisser le temps d'échapper aux coups des assassins? L'Académie, à la veille de 1789, honorait une jeune fille qui avait mérité la popularité par son dévouement au milieu du pillage de la manufacture de M. Réveillon ; elle en couronnait, à la veille de 1848, une autre qui, dans la douloureuse sédition des affamés de Buzançais, avait couvert son innocente maîtresse de son corps, s'écriant « qu'on la tuerait elle-même avant de tuer la vieille dame. »

Mais pourrait-on rappeler, Messieurs,

sans vous fatiguer, les actes de dévouement mis chaque année en lumière par les enquêtes de l'Académie? Essayez de les dénombrer dans les livrets [1] qu'elle publie à leur louange et qu'un écrivain distingué, M. F. Lock, a réunis. Aux comptes-rendus des tribunaux, dont les tristes échos sont avidement recueillis, opposons ces simples histoires, légende d'or de la France.

Est-il beaucoup de scènes qu'il soit plus opportun de placer sous les yeux des familles, qui commencent à considérer la domesticité comme un fléau, plus urgent d'offrir à tant de ménages que le désir de se soustraire au contact journalier de serviteurs indélicats jette dans une sorte de vie communiste ou nomade, que cette petite ferme des environs de Compiègne, dont les maîtres trouvent, pendant quarante ans, dans leur ouvrier Raspadou, un ami? Le voyant refuser un salaire qui, à son avis, le sépare de la maisonnée et oublier, dans une confiance aussi honorable pour ses maîtres que pour lui, de se réserver un pécule pour ses vieux jours, ils partagent, par anticipation, d'accord avec leurs enfants, leur modeste domaine. On assure au bon serviteur une demeure, un jardinet, des aliments, une rente viagère.

1. M. Demay a donné, sous le titre de *Fastes de la vertu pauvre,* une analyse statistique de ces livrets annuels.

L'acte rédigé, on le fait comparaître. Tout le monde, petits et grands, l'entoure, lui saute au cou. On l'embrasse, on lui annonce ce qui a été fait dans son intérêt. Tandis que le pauvre Raspadou fond en larmes et sanglote de bonheur, on l'entraîne dans la grange à une belle table, où il s'assied à la place d'honneur, le notaire à son côté, aux acclamations de tout le village, gars et fillettes, qui veut boire et trinquer à sa santé.

IX

A l'époque où le sénat libéral de la République des Lettres couronnait Latude et réclamait la substitution de la justice à l'arbitraire, il aurait pu invoquer les droits de la liberté de conscience en consolant les protestants, mis hors la loi depuis les temps des dragonnades et souvent contraints par les traitements les plus barbares de choisir entre une hypocrite apostasie et la casaque rouge, le baillon de liége, le banc de rameur des galères. Ce n'est qu'en 1787, grâce à Voltaire, à Turgot, à Malesherbes, que l'édit de Louis XVI, complété par les décrets de la Constituante, proscrivit « toutes ces voies de violence, qui sont aussi contraires aux principes de la raison et de l'humanité qu'au véritable esprit du christianisme. » L'Académie eût trouvé un autre Latude, non moins malheureux et plus grand, dans ce Jean Fabre, protestant de Nîmes, qui, voyant, dans un prêche au désert, son père emmené par... (dirons-nous les soldats ou les bourreaux?), se jette à leurs pieds, parvient à leur faire accepter un échange généreux auquel se refuse vainement le vieillard débile que la captivité eût tué bien vite. Le gouverneur du Languedoc, le duc de Mirepoix, voulait chasser des Cévennes un pauvre pasteur errant, fugitif, tout-puissant sur les âmes de ces pauvres opprimés. M. de Mirepoix offrit de rendre Fabre à la liberté si Rabault se bannissait lui-même de France pour jamais. Fabre fait comme Regulus. « Ne partez pas, écrit-il à Rabault, digne d'entendre et d'exaucer cette prière stoïque ; vous êtes notre consolateur ; restez ; je serai galérien ; j'accepte pour vous, comme je l'ai accepé pour mon père, le nerf de bœuf et l'accouplement de la chiourme. » Choiseul s'attendrit sur Fabre et, après plus de six ans de bagne, fit tomber sesc haines (1762). Un écrivain, sur l'indication de Marmontel, composa de ce malheur, dont la cause était si belle, un drame intéressant, l'*Honnête criminel*, que Marie-Antoinette voulut entendre (comme elle entendit le *Mariage de Figaro* alors interdit). Le théâtre fut pourtant fermé à ce drame suspect jusqu'en 1790. On défendit même une souscription en faveur du *galérien protestant;* mais Fabre avait écrit par son sacrifice dans tous les cœurs le préambule de l'édit de 1787. Pourquoi l'Académie n'a-t-elle pas couronné la pitié filiale de Fabre? C'est que ces vertus sont de celles que la nature impose à tous. « Ne me donnez pas des éloges dont je ne suis pas digne, écrit-il lui-même, (1767) à l'auteur de l'*Honnête criminel*, Fenouillot de Falbaire; tout autre fils à ma place en eût fait autant pour son père. »

Le dévouement étonne moins en effet quand il s'agit du fonds commun des vertus humaines, des affections de famille, naturelles ou acquises, par exemple lorsque, les nourrissons de l'hospice se cachant pour n'y pas rentrer dans les saules, les pères nourriciers (comme un invalide du diocèse où Fénelon ramenait à des paysans leur vache égarée) refusent de les rendre à l'inspecteur, quoiqu'ils n'en aient accepté la tutelle que pour diminuer par un bien faible salaire leur propre misère. « On les gardera et on travaillera un peu plus, » disent ces *pauvres gens* au cœur d'or, semblables à ceux qu'a célébrés Victor Hugo. Parfois ce sacrifice volontaire est récompensé, comme il arriva pour ces vieillards, que l'orphelin recueilli, arrivé à l'école polytechnique et plus tard devenu riche, voulut *adopter*. Il suivait l'exemple d'un autre enfant trouvé, le mathématicien d'Alembert, qui, reconnu tardivement et dans tout l'éclat de sa gloire littéraire par la grande dame qui l'avait fait exposer sur les marches de l'église Saint-Roch, madame de Tencin, se tourna vers la pauvre vitrière qui l'avait naguère ramassé dans la neige et réchauffé de ses baisers : « Ma mère, dit le grand homme en entourant de ses bras la bonne femme qui fondait en pleurs, ma mère, la voilà! »

M. de Montyon et l'Académie, se reposant sur la droiture naturelle des instincts de famille[1], comme le cultivateur sur la fertilité d'un sol riche, s'inclinent à peine en passant devant une fille qui, lorsqu'un redoutable accès de rage furieuse surprend son père, le sauve de la mort en lui desserrant les dents au risque d'avoir ses pauvres doigts brisés et mordus jusqu'à l'os. En vain celui-ci lui dit : « Fuis, fuis, ma fille, et laisse-moi mourir. » Cette héroïne, digne des vers de Sophocle, ne l'écoute non plus

---

[1]. Je renvoie à une belle histoire (qui n'est point un conte), de pauvres tisserands se disputant leur vieille mère après la mort de leur père, dans *La Campagne*, d'Eugène Noël.

que les voisins, que son dévouement inutile épouvante.

L'Académie et M. de Montyon ne s'émeuvent pas davantage lorsqu'une marâtre ou un mauvais père ne trouvent asile que chez la fille généreuse ou le fils pieux qu'ils ont chassés de la maison, comme il arrive souvent dans certains ménages nomades et battus du vent de la misère. Ces poëtes, fils de la muse antique, ferment les yeux devant la pieuse Antigone, l'infatigable Metra, la généreuse Cordelia, qui ressuscitent, non plus sous la pourpre des rois, mais sous une robe populaire de cotonnade, l'une auprès d'un père criminel pour adoucir sa captivité et lui alléger la honte; l'autre auprès d'un alchimiste qui ruine et déshonore par ses visions son enfant, et que celle-ci suit de ville en ville pour ne point abandonner le rêveur incurable à la dérision des foules et à la dégradation. Avant la Révolution, l'Académie avait couronné une fille qui avait renoncé à sa liberté pour s'enfermer pendant dix-huit ans dans la prison de sa mère.

M. de Montyon et l'Académie ne s'étonneront pas de voir un jeune lauréat renoncer à sa bourse au collége pour devenir dans sa ville natale commissionnaire, afin de faire vivre sa mère subitement plongée dans la détresse et la faim; mais ils auront des louanges pour un jeune mousse, qui refuse d'abandonner un navire délaissé de son équipage et désemparé, parce qu'il y restait un malade. Ils ne s'étonneront pas de voir trois petites sœurs orphelines se soumettre à la plus grande, devenue leur mère sans être même encore une jeune fille, et payer religieusement la dette paternelle en épargnant sur le salaire de la filature, en prélevant la dîme de l'honneur sur les besoins les plus pressants. Mais comment ne s'attendriraient-ils pas à la vue d'une vieille voisine qui, lorsque toute une famille de paysans attend dans les larmes le départ d'un jeune soldat, pousse la porte de la chaumière et jetant sur la table de noyer tout son pauvre capital, fruit d'une vie de privations : « Mes amis, je n'ai pu dormir de la nuit ; voilà deux mille francs pour racheter Ambroise ; je ne sais à présent avec quoi je vivrai, mais je dormirai tranquille ; je ne puis voir pleurer sa mère. »

X

Ces douces et modestes vertus surmontent tout obstacle. La concierge d'une maison de force est nommée par des forçats qu'elle a soignés du typhus, dans la désertion de tous et l'abandon général, l'ange des prisons. —

Une marchande de bois donne les produits de son chantier aux pauvres au lieu de les vendre. — La fille d'un boulanger porte ses pains et ses provisions à ceux qui n'ont point de huchoir ni de saloir, au point de voir toute la garnison qui, levée de bonne heure, surprend le secret de ses bienfaits, lui faire le salut militaire. — Une jeune fille, qui vit pour les malheureux, qui, belle et riche, pressée de se marier, a répondu qu'elle ne voulait point d'autres fiancés que ses pauvres, qui, pour les visiter dans leurs mansardes sort sans cesse, erre le jour, la nuit, dans les rues les plus isolées, est-elle abordée par un étourdi ; elle lui dit : Suivez-moi ; et poussant la porte de quelque misérable demeure : « Voilà mon boudoir, monsieur ! » ajoute-t-elle, utilisant pour la charité, avec la hardiesse d'une sainte, jusqu'aux largesses de l'impertinence ou du vice.

Ce sont des pasteurs de toute confession, aussi bons que saint Vincent de Paul ou le vicaire de Wakefield ; ce sont des philanthropes pratiques qui réalisent des rêves généreux, bientôt transformés en institutions durables [1]. Ce sont des femmes qui convertissent leurs maisons en écoles, en

[1]. Comme M. G. Lecointe, pour les enfants détenus, ou mon savant collègue, M. Barreswill, pour les petits apprentis.

asiles, en ouvroirs, en refuges; elles reçoivent sous leur toit des malades dont les plaies, dégoûtantes de sanie, éloignent les plus stoïques; elles devancent à la couche des pestiférés les médecins, toujours si dévoués en notre pays de France [1]; elles reçoivent d'une population reconnaissante le titre de *bonne mère* ou de *sœur de charité libre*, de *mère de bon secours* ou de *dame du bon Dieu*.

Voici une petite paysanne qui va veiller sur les mourantes abandonnées l'hiver dans les huttes des Vosges, et qui dispute leur agonie ou leur dépouille refroidie aux loups. En voilà une autre, la *Mayon*, qui rassemble avec une douce pitié les idiots, les crétins qu'on raille, les fous qu'on irrite, pour les consoler, les égayer, faire pénétrer une lueur dans leur intelligence dédaignée; elle va prendre au bois la charge des personnes à tête branlante qui cheminent pesamment ployées sous le faix; elle se fait, tant

---

[1]. Esculape, dans Platon, reconnaît des limites au dévouement du médecin. Les médecins indous en admettaient. Leur savant historien, le docteur G. Liétard, élève à ce sujet une généreuse protestation : « Si tu peux faire le bien, tu le dois, etc. » (La médecine chez les Indous, 1862.) Il y a quelques jours, Weber pratiquait sur un enfant l'opération de la trachéotomie. Un caillot de sang se détache et va former un nouvel anneau mortel dans le gosier du pauvre petit qui étouffe. Weber applique sans hésiter ses lèvres à la plaie, suce la mort à longs traits pour entraîner le caillot fatal. Le lendemain, l'enfant était sauvé et Weber expirait.

que dure le jour, le bâton de l'aveugle ou même de l'ivrogne, sans s'effrayer, ayant de leurs personnes les soins qu'ils sont incapables d'en prendre, préparant leur lit, leur feu, leur cuisine.

Qu'une pauvre femme recueille une vieille plus malheureuse encore, assez semblables toutes les deux à l'aveugle et au paralytique de Florian, l'une voyant de ses yeux affaiblis pour l'autre qui marche pour son amie en la soulevant sur ses épaules, ou essaie même de la traîner dans un petit chariot de Bordeaux jusqu'à Paris ; — qu'une marchande octogénaire de sucre d'orge et de pain d'épices, aux Champs-Elysées de Paris, avec les quelques sous de sa mince recette journalière, élève des enfants qu'on a délaissés dans la boue sur un parapet de pont comme de petits animaux ; — qu'un saltimbanque continue glorieusement son métier méprisé sur les poutres brûlantes d'une halle, pour arracher à l'incendie des ingrats qui, dans leur dédain, oublieront de prendre la main que leur tend le brave homme à demi brûlé ; — que d'autres s'élancent au cri de sauve ! sauve ! dans les flots dix fois, trente fois, cinquante fois, jusqu'à l'exploit inachevé qui les ensevelit par une obscure et tempêtueuse nuit dans leur sacrifice et dans leur grandeur inconnue, l'Académie et M. de Montyon applaudissent de tout leur cœur, — comme vous le faites en ce moment, Messieurs.

Ainsi nos consuls, veillant à ce que la gloire de la patrie ne souffre aucun dommage, inscrivent sur les tables de mémoire, pêle-mêle avec les grands noms de l'histoire nationale, les noms obscurs de ces pauvres paysannes dont le génie, tout aussi bien que le génie des poëtes, est fait de sensibilité, et qui, réunissant des êtres déshérités, chétives ébauches de la nature ou avortons du vice, devinent, pour éclairer l'intelligence des sourdes-muettes qu'elles arrachent à un éternel silence, une grammaire et une logique qui ne leur furent point enseignées, comme elles l'avaient été à l'abbé de l'Epée ou à l'abbé Sicard.

Entrons, Messieurs, à l'Institut quand il honore publiquement une noble femme qui, après avoir consacré tout son bien à la souffrance, devenue pauvre à force de bonnes œuvres et ne pouvant se résoudre à l'impuissance et à l'indifférence, mendie à l'arrivée des diligences pour les hôpitaux qu'elle a fondés et qu'elle ne peut entretenir de linge et de médicaments, mendie l'air noble et la main tendue avec une magnanime tristesse, au milieu d'une foule attendrie jusqu'aux larmes et qui dit au touriste brutal : « Prenez donc garde, c'est la sainte du pays ! »

Ecoutons, au milieu de ces touchantes

enquêtes dont ma voix n'est que l'écho bien affaibli, écoutons proclamer le nom de cette Rose, si bien nommée Rose Courage, qui installe à son foyer ceux que l'hôpital provincial repousse comme infectés d'une lèpre contagieuse et qui *fait*, aux termes du rapport officiel des administrateurs eux-mêmes, *ce que ne peut faire l'État;* — ou le nom de Louise Schepler, la fondatrice de la première salle d'asile en France (1779), la digne servante du pasteur du Ban de la Roche, qui élève les enfants d'une contrée sauvage éloignée de toute école, et mérite que le vertueux pasteur, en mourant, la lègue (comme un moderne Eudamidas) à tous ses paroissiens, afin qu'ils prennent soin de ses dernières années.

Les historiens des vertus ignorées signalent encore à la reconnaissance publique une femme qui adopte et console les enfants des suppliciés, trop souvent rejetés par le mépris public du crime au crime, ou une de ses émules qui recueille les pauvres oublieuses d'elles-mêmes, ces esclaves que l'apôtre Robert d'Arbrissel allait partout arracher à la fatalité du désordre où les plonge souvent leur confiance et l'égoïsme des vrais coupables.

L'interprète de M. de Montyon nous montre enfin une Jeanne, rassemblant sous sa houlette tous ceux qui n'ont plus au monde de soutien [1], fondant à elle seule l'hospice de Saint-Servan, sans autre ressource que ce petit panier, toujours pendu à son bras, où tombe par les rues et les marchés la pluie des piécettes.

Il me semble alors, vous disais-je dans notre dernière causerie, que M. de Montyon se lève derrière l'orateur, qu'il nous apparaît dans sa sérénité émue, qu'il dépose à son tour, dans le petit panier de ces saintes mendiantes, l'obole qui bénira, qui fera fructifier toutes les autres, et qui a conservé, selon l'expression du vieux poëte, quelque chose de la majesté du bienfaiteur.

La pitié et l'attendrissement qu'il marque du fond de son tombeau pour cette infortune et pour ce dévouement trouvent mille échos qui lui répondent dans tous les cœurs. Qui songerait alors à répéter (Paris a ses fins sourires et son sel parfois amer), des critiques peu réfléchies? Qui ne sent, en son âme, qu'on ne saurait dire, avec solidité ou même avec une apparence de raison, que Montyon met à prix la vertu? Quand Mon-

---

[1]. M. Saint-Marc Girardin retrouve, avec son pénétrant esprit, au milieu d'un roman américain de miss Cummings, un exemplaire un peu effacé de ces adorables vertus que célébrait Bossuet dans une princesse, dans Anne de Gonzague, que le xviie siècle lui offrait encore dans les madame Legras, les Miramion, les Anne de Melun, et que Montyon honore dans des paysannes et des ouvrières.

tyon distribue ces couronnes qui ne surprennent que les braves gens à qui on les décerne, il ne prétend déposer entre ces mains bienfaisantes, avec le présent qui les accompagne, qu'un fidéicommis à l'adresse du malheur.

C'est ainsi que Franklin assistait l'infortune à la condition que le secours qu'il donnait serait fidèlement restitué par l'obligé... à une autre infortune.

En voulez-vous une preuve, Messieurs? En 1785, l'Académie accorde le prix à un huissier priseur de Paris. Il avait refusé un legs qui l'enrichissait en appauvrissant toute une famille. « Les louanges de l'Académie sont plus que je ne mérite, » écrit Poultier. Et il la prie de vouloir bien remettre la valeur pécuniaire du prix à un artisan qui, dans une pauvreté plus grande, avait fait le même choix entre l'argent et l'honneur.

Le meilleur commentaire de la pensée de Montyon est un tel exemple.

Un mot encore. Qui ne voit là tranché le vain débat de la supériorité d'un sexe sur l'autre? Continuez à faire les lois, Messieurs, laissez les femmes faire les mœurs. De 1819 à 1864, on a calculé que 565 femmes avaient été couronnées contre 211 hommes. Cherchez où est le sel de la terre. Ici la vieille femme, toute parée de sa magnanimité, triomphe : la bonté est un fruit qui devient savoureux en mûrissant. C'est aussi la victoire de la vieille fille ; mon collègue et mon ami M. de Comberousse, l'a dit admirablement dans une généreuse leçon : « ne se croyant nécessaire à personne, elle se donne à tous [1]. »

On le savait déjà il y a trois mille ans : « Là où n'est pas la femme, le malheureux n'a plus qu'à gémir. »

XI

Et nous — avant de nous séparer — contemplons ces profondeurs où pullule la souffrance mais aussi où se multiplie la bonté humaine, qui n'est point décidément un vain nom. Penchons-nous sur ce gouffre, éclairé par le flambeau de Montyon, où des infortunés consolent des infortunés qui n'ont de moins qu'eux-mêmes que la joie de se dévouer. Voyons l'amour de la richesse, mobile universel de nos contemporains, s'absoudre par la bienfaisance sociale, au sein des campagnes ou (ce qui est moins facile) au sein des villes. Admirons sincèrement cette bonne volonté qui est un des grands caractères de notre temps. N'éprouvons-nous pas la même émo-

---

1. *La femme dans la famille,* par Ch. de Comberousse.

tion qu'en fixant nos regards sur la lueur d'un astre lointain et en sentant se révéler à nos yeux derrière cette lumière éblouissante des centaines de feux, derrière ceux-là des milliers encore, que ne soupçonnait point notre regard, pas plus que notre esprit ne rêvait assurément cette persévérance ingénieuse du dévouement en lutte avec la fécondité du malheur?

Et ces richesses morales de notre humble planète, qui font pâlir les magnificences du ciel étoilé, nous devons de les connaître à la sainte et durable alliance établie par Montyon entre ceux qui excellent dans l'art de bien dire et ceux qui excellent dans l'art de bien faire, entre les deux plus grandes puissances qui fleurissent ici-bas, la pensée éloquente et la vertu active.

Les savants trouvent la Providence dans l'harmonie admirable des astres : Montyon l'a découverte au fond de notre âme, dans cette perle humide qui monte de notre cœur à nos yeux, gage de la compassion de l'homme pour l'homme, — dans une larme.

Montyon avait raison, et la force suprême, qui dans les cieux s'appelle l'Ordre, se nomme aussi sur notre terre la Bonté.

FIN

www.ingramcontent.com/pod-product-compliance
Lightning Source LLC
LaVergne TN
LVHW051510090426
835512LV00010B/2459